SANDRINE GABET-PU

Das kleine Übungsheft

Zum Wohlfühlgewicht ohne Stress

Aus dem Französischen von Claudia Seele-Nyima

Illustrationen von Sophie Lambda

TRINITY

Sandrine Gabet-Pujol, staatlich geprüfte Diätassistentin und diplomierte Ernährungsberaterin, arbeitete zunächst in verschiedenen Fachkliniken für Übergewichtige. Seit 2010 ist sie in ihrer eigenen Praxis tätig, wo sie unter anderem in Zusammenarbeit mit Psychologen und Psychiatern Patienten mit Essstörungen berät. Daneben gehört sie zu einer Forschungsgruppe zum Thema Übergewicht und Adipositas.

Die Originalausgabe ist erstmals 2014
bei Éditions Jouvence erschienen.
Titel der französischen Originalausgabe:
Petit cahier d'exercices pour réguler son poids selon les thérapies comportementales et cognitives (TCC)

Chemin du Guillon 20, Case 184, CH-1233 Bernex.
www.editions-jouvence.com,
info@editions-jouvence.com

Umschlaggestaltung: Guter Punkt, München
Satz: Kerstin Duben, München
Druck und Bindung: Pustet, Regensburg
ISBN 978-3-95550-140-2

www.die-kleinen-uebungshefte.de

EINLEITUNG

Liebe Leserin, lieber Leser,

wenn Sie dieses kleine Übungsheft in den Händen halten, sind Sie vermutlich mit Ihrem Gewicht nicht zufrieden und möchten abnehmen. Was, meinen Sie, könnte Ihnen dabei helfen, Ihr Wunschgewicht zu erreichen?

- eine Diät?
- Sport treiben?
- täglich 5 Portionen Obst und Gemüse essen?

Die Antwort lautet: Genau genommen **nichts von alledem.**

Der Hunger ist der Schlüssel zur Gewichtsregulierung!

Wie Sie es schaffen können, abzunehmen und Ihr neues Gewicht zu halten, erfahren Sie auf den folgenden Seiten:

HUNGER

Hunger ist die körperliche Empfindung, die uns das Bedürfnis anzeigt, etwas zu essen. Was sind Ihre Hungersignale?

- ein trockener Mund oder das Gegenteil: vermehrter Speichelfluss?
- Rückfluss von Magensäure in die Speiseröhre (Sodbrennen)?
- Magenknurren?
- Leeregefühl im Magen, Krämpfe usw.?

Wenn Sie bislang nichts dergleichen spüren, dann machen Sie doch einmal das folgende Experiment:

1. Lassen Sie 4 Tage lang das Frühstück weg, eventuell auch das Mittagessen (ein warmes Getränk zu den Essenszeiten können Sie zu sich nehmen).
2. Planen Sie jeweils einen kleinen Imbiss nach Wahl ein.
3. Verzehren Sie den Imbiss am Vormittag, eventuell nachmittags, aber nur, wenn Sie wirklich Hunger haben.
4. Nach Ablauf der 4 Tage können Sie den Hunger im Alltag nutzen, um Ihr Gewicht zu regulieren: Warten Sie ab jetzt mit dem Essen immer, bis Sie spüren, dass Sie wirklich hungrig sind.

	Erstes Auftreten von Hungergefühlen (Uhrzeit)	Wartezeit bis zum Imbiss / zur Mahlzeit	Intensität des Hungers auf einer Skala von 1 bis 10 Beschreibung der Hungersignale (und wie gut Sie sie aushalten)	Woraus bestand der Imbiss / die Mahlzeit?	Uhrzeit der folgenden Mahlzeit
TAG 1					
TAG 2					
TAG 3					
TAG 4					

Ihre Bemerkungen zum Experiment mit dem Hunger:

....

....

....

Wenn Sie physiologischen HUNGER haben, gibt Ihnen Ihr Organismus grünes Licht.

ESSEN SIE!!!

Die aufgenommenen Kalorien werden von Ihrem Körper verbrannt, um Ihren Grundumsatz (den Energieverbrauch, der Ihre Vitalfunktionen, Ihre Körpertemperatur von 37 °C usw. aufrechterhält) zu gewährleisten.

Es geht also keineswegs darum, zu hungern, sondern darum, erst dann zu essen, wenn man hungrig ist.
Und dazu müssen wir lernen, das **physiologische Hungergefühl** von der **Esslust**, dem **Appetit**, zu unterscheiden.

SÄTTIGUNG

Ab dem Moment, in dem Sie **Sättigung** empfinden, dieses Wohlgefühl während der Mahlzeit, wenn der Hunger schwindet (und lange bevor Sie das Gefühl haben, »voll« zu sein), steht die Ampel Ihres Organismus auf Rot: Er kann die ab jetzt aufgenommenen Kalorien nicht mehr verbrennen.

Also **hören Sie genau dann auf zu essen!** Beachten Sie die rote Ampel! Wenn Sie über das Sättigungsgefühl hinaus weiteressen, bis sich ein Völlegefühl einstellt, dann speichert Ihr Organismus die Kalorien, die Sie ihm zusätzlich zuführen, in Ihren Fettzellen (Fettgewebe) – weil er schlicht nicht mehr in der Lage ist, sie zu verbrennen.

Der folgende Selbstversuch mit dem Titel **»Mein echter Hunger«** hilft Ihnen, die verschiedenen Stadien des Hungers und der Sättigung genau zu spüren. So finden Sie heraus, wie das Gefühl der Sättigung sich auf Ihr Essverhalten und darauf, wie Sie die Mahlzeit erleben, auswirkt.

Füllen Sie an jedem Tag die Tabelle (s. S. 9) aus, jeweils bevor Sie etwas essen.

Am 1. Tag stehen Sie morgens auf, trinken etwas, um sich mit Flüssigkeit zu versorgen (z. B. Kaffee, Tee, Orangensaft), und warten dann, bis Sie ein kleines Hungergefühl verspüren, Ihr Magen nur ein bisschen knurrt. Nehmen Sie etwas zu sich und essen Sie danach wieder ganz normal weiter wie an anderen Tagen auch.

Am 2. Tag können Sie dann ausprobieren, wie es ist, wenn Sie mit dem Essen warten, bis Sie mittelgroßen Hunger haben …

… und am 3. Tag testen Sie nach derselben Vorgehensweise, wie sich großer Hunger anfühlt.

Experiment: Mein echter Hunger

	Mein echter Hunger		
	1. Tag klein	2. Tag mittel	3. Tag groß
Intensität (auf einer Skala von 1 bis 10; 1 = schwach; 10 = stark)			
Uhrzeit des Auftretens des Hungers			
Wartezeit bis zum Essen			
Beschreibung der körperlichen Anzeichen des Hungers (Grad des Unbehagens von 1 bis 10)			
Beschreibung der psychischen Auswirkungen des Hungers (Grad des Unbehagens von 1 bis 10)			
Konsequenzen für den Ablauf der Mahlzeit (Grad des Unbehagens von 1 bis 10)	Essgeschwindigkeit: … Essvergnügen: … Achten auf den Geschmack: … Wahrnehmen der Sättigung: … Respektieren der Sättigung: …		

Notieren Sie hier Ihre Schlussfolgerungen:

Wie »funktionieren« Sie in Bezug auf Hunger?

....

....

....

....

....

....

....

....

....

....

Mein echter Hunger liegt bei .... Punkten
(auf einer Skala von 1 bis 10).

Wenn Sie zwar keinen Hunger mehr (auf der Ebene des Bauches) haben, Ihr Kopf Ihnen aber dennoch sagt: **»Noch mehr!«**, dann ist das, was Sie in diesem Moment empfinden, **»Esslust«**.

DAS EIGENE ESSVERHALTEN BEOBACHTEN

Warum nicht einmal ein paar Tage lang sich selbst beobachten, um Ihre Momente des Hungers, der Sättigung und der Esslust zu erkennen und auf diese Weise zu verstehen, wie Sie sich im Alltag verhalten?

DANN MAL LOS!

RAN AN DIE STIFTE! Auf geht's für 5 Tage!

Experiment: Mein Ernährungstagebuch

Hier ein Beispiel (von einer meiner Patientinnen) für das Ernährungstagebuch, das Sie in den nächsten 5 Tagen führen werden:

UHRZEIT? ORT? MIT WEM? WAS TUN SIE DABEI?	WAS UND WIE VIEL?	BEMERKUNGEN (Hunger, Sättigung, Esslust; Situationen oder Personen, die Sie zum Mehressen animieren)
Montagmorgen, 7.30 Uhr Zu Hause mit meinem Partner	Tee, ½ Brötchen mit 1 TL Marmelade, 1 Joghurt 1 Obstsaft	War hungrig, habe aber trotzdem zu wenig gegessen. Ich hätte gerne ein ganzes Brötchen genommen.
Montagmittag, 12.30 Uhr Im SB-Restaurant, allein	2 Seelachsfilets 5 EL Reis 1 Joghurt 1 Kompott	Hatte Hunger. Nach dem Hauptgang war ich schon gut gesättigt. Danach hätte ich lieber einen Obstsalat nehmen sollen, Joghurt und Kompott waren zu viel.
Montagnachmittag, 17.30 Uhr Im Büro, Ausstand einer Kollegin	1 Glas Champagner Mehrere kleine Muffins	Ich hatte keinen Hunger, fand die Muffins aber so appetitlich. Beim Essen habe ich mich unterhalten. Ich weiß nicht mehr, wie viele ich gegessen habe, aber es waren zu viele.
Montagabend, 20.00 Uhr Zu Hause mit meinem Mann und meinen Kindern, am Tisch vor dem Fernseher	1 Hähnchenflügel 4 kleine Röstkartoffeln Grüner Salat mit 2 TL Olivenöl 1 Kugel Himbeersorbet	Eigentlich hatte ich gar keinen Hunger, habe aber trotzdem meinen Teller ganz leer gegessen. Ich fühle mich vollgestopft, habe zu viel gegessen.

Uhrzeit, Ort, mit wem, was tun Sie dabei?

Wenn Sie beim Essen noch etwas anderes tun, nennen Sie es hier: lesen, fernsehen, Radio hören, arbeiten usw.

Was und wie viel?

Geben Sie die Nahrungsmengen in der Einheit Ihrer Wahl an: Grumm, Liter, Zentimeter, Tassen, Esslöffel, Teelöffel, Scheiben, Päckchen ...

Bemerkungen

Haben Sie vor dem Essen Hunger oder essen Sie auch manchmal, wenn Sie nicht hungrig sind?

Haben Sie nach dem Essen den Eindruck, richtig satt zu sein, zu viel oder nicht genug gegessen zu haben?

Haben Sie Essgelüste, die Sie nicht befriedigen?

Bemerken Sie es, wenn Sie in bestimmten Situationen zu viel essen (also ohne wirklich hungrig zu sein oder über den Hunger hinaus)? Falls ja, versuchen Sie, diese Situationen genauer zu bestimmen und zu beschreiben:

Empfehlungen für ein günstigeres Essverhalten:

- Essen Sie, ohne nebenher etwas anderes zu tun.
- Essen Sie langsamer.

DER »SETPOINT« ODER DAS STABILE GEWICHT

Möglicherweise stellen Sie sich an diesem Punkt die Frage: »Kann ich wirklich mein Gewicht regulieren, indem ich esse, sobald ich Hunger habe, und aufhöre, wenn ich satt bin?« Ein bisschen Biologie wird Ihnen die Sache verdeutlichen! Unser genetisches Erbe programmiert uns so, dass wir als Erwachsene eine bestimmte Körperhöhe erreichen (ohne Absätze, Mädels – sie ist definitiv festgelegt!).

Ebenso sind wir für eine bestimmte Zusammensetzung aus x kg Muskeln, y kg Knochen, z kg Fett programmiert. Doch das Essverhalten kann unser Gewicht beeinflussen und bewirken, dass wir diesen Setpoint über- oder unterschreiten.

- Wenn Sie also mit Ihrem Gewicht **unterhalb Ihres Setpoints** liegen, haben Sie mehr echten Hunger, weil Ihr Organismus Kalorien fordert, um (wieder) seinen Setpoint zu erreichen.

Liegen Sie hingegen **oberhalb Ihres Setpoints**, haben Sie weniger echten Hunger und sind schnell gesättigt, sodass Sie weniger essen und Ihr Organismus rasch wieder zu seinem Setpoint zurückkehren kann.

ZIEL: Essen Sie nach Ihrem Bedarf, indem Sie auf Ihren Hunger hören und pro Mahlzeit nur so viel zu sich nehmen, dass Sie gesättigt sind. Dann werden Sie Ihren Setpoint erreichen – das stabile Gewicht, für das Sie genetisch programmiert sind

In Wirklichkeit bestimmen also weder Sie noch ich über Ihr Gewicht, denn es ist genetisch festgelegt.

Wie definieren wir unseren Setpoint?

Der Setpoint entspricht in der Regel dem Gewicht, das Sie am längsten in Ihrem Leben stabil halten konnten – ohne Diät, ohne Probleme mit Ihrem Essverhalten. Es ist das Gewicht, das Sie mehrere Jahre gehalten haben, indem Sie sich ganz normal ernährt haben.

Ein paar grundlegende Bemerkungen zu Ihrem Setpoint

Wenn Sie selten echten Hunger haben, ist das sehr positiv! Es bedeutet, dass Sie oberhalb Ihres stabilen Gewichts liegen. Wenn Sie also immer mit dem Essen warten, bis sich physiologisch ein Hungergefühl einstellt, und damit aufhören, sobald Sie sich satt fühlen, dann können Sie mit einer Gewichtsabnahme rechnen.
So erreichen Sie schließlich das stabile Ausgangsgewicht, für das Sie genetisch programmiert sind – einfach dadurch, dass Sie nach Ihrem Bedarf essen.

Führen Sie Ihr Ernährungstagebuch (s. S. 12) weiter und prüfen Sie regelmäßig, ob Sie vor jeder Mahlzeit auch wirklich echten physiologischen Hunger verspüren. Ist das nicht der Fall, dann setzen Sie das Experiment mit dem Ernährungstagebuch noch 5 weitere Tage fort und achten Sie noch genauer darauf, dass Sie erst etwas essen, wenn Sie wirklich Hunger haben.

ESSGELÜSTE

Habe ich wirklich Hunger oder nur Appetit, »weil es Zeit ist«?

Welche Nahrungsmittel regen meine Esslust am meisten an (Schokolade, Bonbons, Plätzchen, Wurst)?

Wie bekomme ich angesichts einer solchen Auswahl an Lebensmitteln meine Nahrungsaufnahme in den Griff?

Aber – was ist denn nun mit den Essgelüsten?!

Sie fragen sich, wie Sie mit den ESSGELÜSTEN umgehen sollen, wenn Sie nicht unbedingt hungrig sind. Nun – lassen Sie sich einfach genießerisch durch die Übungen führen, die ich Ihnen jetzt vorschlagen möchte!

Experiment: Verkostung mit allen Sinnen

Käse

Was denken Sie über Käse?
Im Allgemeinen?

Soweit es Sie selbst betrifft?

Wählen Sie nun einen Käse aus, den Sie im Folgenden bewusst und mit allen Sinnen verkosten möchten.
Für welche Sorte haben Sie sich entschieden?

Verkostungsblatt

Wo positionieren Sie sich vor dem Verkosten (auf einer Skala von 1 bis 10):

Hunger: 1 2 3 4 5 6 7 8 9 10

Esslust: 1 2 3 4 5 6 7 8 9 10

Angst: 1 2 3 4 5 6 7 8 9 10

Sehen:

Betrachten und beschreiben Sie zunächst die Rinde und das Innere.

Farbe:

- ☐ blassgelb
- ☐ elfenbeinweiß
- ☐ hellbeige / gebrochenes Weiß
- ☐ orange
- ☐ ziegelrot
- ☐ grau

Aussehen:

- der Rinde:
  - ☐ samtig
  - ☐ flaumig
  - ☐ krustig
  - ☐ geriffelt
  - ☐ pudrig
- des Inneren:
  - ☐ glatt
  - ☐ klumpig
  - ☐ cremig
  - ☐ weich
  - ☐ hart
  - ☐ glänzend

Tasten, Berühren:

Betasten Sie nun den Käse mit den Fingern und den Lippen; beurteilen Sie dabei …

Beschaffenheit:

- Geschmeidigkeit:
  - ☐ biegsam
  - ☐ nachgiebig
- Festigkeit:
  - ☐ hart
  - ☐ weich
- Mikrostruktur:
  - ☐ glatt
  - ☐ mehlig
  - ☐ körnig
  - ☐ fein
- Cremigkeit:
  - ☐ trocken
  - ☐ cremig
  - ☐ fettig, ölig
  - ☐ rau
- Krümeligkeit, Mürbheit:
  - ☐ schmelzend
  - ☐ bröckelig
- Klebrigkeit:
  - ☐ klebrig
  - ☐ nicht klebrig

Temperatur:

- ☐ Zimmertemperatur
- ☐ heiß
- ☐ kalt
- ☐ lauwarm
- ☐ kühl

Riechen:

Riechen Sie den Duft des Käsestücks, ohne es in den Mund zu nehmen. Bestimmen Sie die Duftnote, die Sie wahrnehmen.

- ☐ tierische Gerüche (Wolle, Mist)
- ☐ fruchtig
- ☐ würzig
- ☐ holzig
- ☐ nach etwas Geröstetem
- ☐ rauchig
- ☐ Milch (Kondensmilch, Sahne …)
- ☐ pflanzliche Gerüche
- ☐ erdig
- ☐ Meer
- ☐ nussig
- ☐ Vanille
- ☐ Pilze
- ☐ Kastanie
- ☐ Ananas
- ☐ Rübe
- ☐ Blumenkohl
- ☐ Anis
- ☐ Walnuss
- ☐ Algen
- ☐ chemische Gerüche (z. B. Ammoniak)
- ☐ Kochgerüche (Plätzchen, Essig …)
- ☐ gespitzter Bleistift

Schmecken:

Der Geschmack setzt sich aus den vier Geschmacksrichtungen (süß, salzig, bitter, sauer) sowie verschiedenen Aromen zusammen.

Definieren Sie die Geschmacksrichtungen:

- ☐ salzig
- ☐ süß
- ☐ sauer
- ☐ bitter

(Halten Sie sich dabei die Nase zu, um die Aromen auszuklammern und sich ganz auf die Geschmacksrichtungen zu konzentrieren)

Nehmen Sie wahr, wie intensiv der Geschmack ist:

- ☐ nicht sehr würzig
- ☐ würzig
- ☐ sehr würzig

Sonstige Empfindungen:

- ☐ pikant, prickelnd
- ☐ brennend, heiß
- ☐ kühlend
- ☐ mentholartig
- ☐ adstringierend (zusammenziehend)

Mit dem Geruch ist eventuell eine Erinnerung verbunden. Woran denken Sie, wenn Sie diesen Käse riechen?

....

....

Bestimmen Sie nun die Aromen im Mund(es sind die gleichen wie bei den Gerüchen):

- ☐ tierische Gerüche (Wolle, Mist)
- ☐ fruchtig
- ☐ würzig
- ☐ holzig
- ☐ nach etwas Geröstetem
- ☐ rauchig
- ☐ Milch (Kondensmilch, Sahne …)
- ☐ pflanzliche Gerüche
- ☐ erdig
- ☐ Meer
- ☐ nussig
- ☐ Vanille
- ☐ Pilze
- ☐ Kastanie
- ☐ Ananas
- ☐ Rübe
- ☐ Blumenkohl
- ☐ Anis
- ☐ Walnuss
- ☐ Algen
- ☐ chemische Gerüche (z.B. Ammoniak)
- ☐ Kochgerüche (Plätzchen, Essig …)
- ☐ gespitzter Bleistift

Verkostungsblatt

Wo positionieren Sie sich nach dem Verkosten (auf einer Skala von 1 bis 10):

Hunger: 1 2 3 4 5 6 7 8 9 10

Esslust: 1 2 3 4 5 6 7 8 9 10

Angst: 1 2 3 4 5 6 7 8 9 10

Schokolade

Was denken Sie über Schokolade?

Im Allgemeinen?

Soweit es Sie selbst betrifft?

Welche Schokolade möchten Sie im Anschluss verkosten?

Verkostungsblatt

Wo positionieren Sie sich vor dem Verkosten (auf einer Skala von 1 bis 10):

Hunger: 1 2 3 4 5 6 7 8 9 10

Esslust: 1 2 3 4 5 6 7 8 9 10

Angst: 1 2 3 4 5 6 7 8 9 10

Sehen:

Als Erstes betrachten Sie die Schokolade. Wie sieht sie aus?

Farbe:

- ☐ weiß
- ☐ goldbraun
- ☐ sehr dunkel
- ☐ nicht sehr dunkel

Aussehen, Beschaffenheit:

- ☐ glatt
- ☐ aufgeraut
- ☐ glänzend
- ☐ pudrig
- ☐ mit Fingerabdrücken
- ☐ mit Motiven

Form:

- ☐ quadratisch
- ☐ ungleichmäßig
- ☐ gleichmäßig

Tasten, Berühren:

Betasten Sie nun die Schokolade vorsichtig mit den Fingern und den Lippen:

Beschaffenheit:

- ☐ glatt
- ☐ rau
- ☐ schmelzend
- ☐ klebrig

Temperatur:

- ☐ kalt
- ☐ warm
- ☐ Zimmertemperatur

Riechen:

Nehmen Sie, ohne die Schokolade in den Mund zu stecken, ihren Duft wahr und unterscheiden Sie die verschiedenen Aromen. Lassen Sie **Erinnerungen** in sich aufsteigen, die eventuell mit dem jeweiligen Aroma verbunden sind.

- ☐ gebrannt
- ☐ geröstet
- ☐ rauchig
- ☐ erdig
- ☐ Heu
- ☐ rote Beeren
- ☐ Orangeat
- ☐ Konfitüre
- ☐ flambierte Banane
- ☐ Honig
- ☐ pfeffrig
- ☐ Zimt
- ☐ Vanille
- ☐ getrocknete Feigen
- ☐ Rosinen
- ☐ Mandel
- ☐ nussig
- ☐ geröstete Nüsse
- ☐ Haselnuss
- ☐ Walnuss
- ☐ Erdnuss
- ☐ Kokosnuss
- ☐ Milch
- ☐ Butter
- ☐ Karamell
- ☐ Plätzchen
- ☐ Milchbrötchen
- ☐ Alkohol
- ☐ Kaffee
- ☐ Veilchen
- ☐ Kirsche
- ☐ Orangenblüte
- ☐ Praline
- ☐ andere Aromen, die Sie zu erkennen glauben:

....
....
....
....
....

Woran denken Sie, wenn Sie die **Schokoladenaromen** riechen?

....
....
....
....
....
....
....

Beschaffenheit im Mund:

- ☐ glatt
- ☐ pelzig
- ☐ schmelzend
- ☐ klebrig
- ☐ Temperatur (kalt, zimmerwarm)…

Schmecken:

Stecken Sie nun ein Stück Schokolade in den Mund und definieren Sie die Geschmacksrichtung(en):

- ☐ salzig
- ☐ süß
- ☐ sauer
- ☐ bitter

(Halten Sie sich dabei die Nase zu, um die Aromen zunächst auszuklammern und sich ganz auf die Geschmacksrichtungen zu konzentrieren)

Wie intensiv ist der Geschmack?

- ☐ nicht sehr intensiv
- ☐ intensiv
- ☐ sehr intensiv

Sonstige Empfindungen:

- ☐ adstringierend, zusammenziehend
- ☐ pelzig
- ☐ rau (wie ein Reibeisen)
- ☐ austrocknend
- ☐ kühlend
- ☐ brennend
- ☐ pikant, prickelnd

Nehmen Sie schließlich die Aromen der Schokolade im Mund wahr (es sind die gleichen wie bei den Gerüchen):

....
....
....
....
....
....
....
....
....
....
....
....

Lassen Sie sich bei der Beschreibung der verschiedenen Schokoladentypen von dieser Aromenliste inspirieren:

- ☐ rauchig
- ☐ erdig
- ☐ Heu
- ☐ Karamell
- ☐ Butter
- ☐ Konfitüre
- ☐ nussig
- ☐ Zimt
- ☐ Vanille
- ☐ getrocknete Feigen
- ☐ Rosinen
- ☐ Mandel
- ☐ Haselnuss
- ☐ geröstete Nüsse
- ☐ Praline
- ☐ Erdnuss
- ☐ Kokosnuss
- ☐ gebrannt
- ☐ geröstet
- ☐ rote Beeren
- ☐ Orangeat
- ☐ Orangenblüte
- ☐ Milchbrötchen
- ☐ flambierte Banane
- ☐ Milch
- ☐ Honig
- ☐ Alkohol
- ☐ pfeffrig
- ☐ Veilchen
- ☐ Kirsche
- ☐ Plätzchen
- ☐ Kaffee
- ☐ Walnuss

Verkostungsblatt

Wo positionieren Sie sich nach dem Verkosten (auf einer Skala von 1 bis 10):

Hunger: 1 2 3 4 5 6 7 8 9 10

Esslust: 1 2 3 4 5 6 7 8 9 10

Angst: 1 2 3 4 5 6 7 8 9 10

Ist Ihnen aufgefallen, dass die Esslust sich verliert, wenn Sie sich die Zeit nehmen, eine Speise aufmerksam und intensiv zu kosten?
Haben Sie bemerkt, dass Sie weniger gegessen haben als sonst?

Ein bisschen Neurowissenschaft

Wenn eine Speise, die ganz besonders nach Ihrem Geschmack ist, all Ihre 5 Sinne anregt, dann reagiert Ihr Gehirn, indem es genug Dopamin (»Glückshormon«) ausschüttet, um alle Dopaminrezeptoren zu besetzen. Das vermittelt uns ein besonders angenehmes, entspannendes Gefühl des Wohlbefindens.

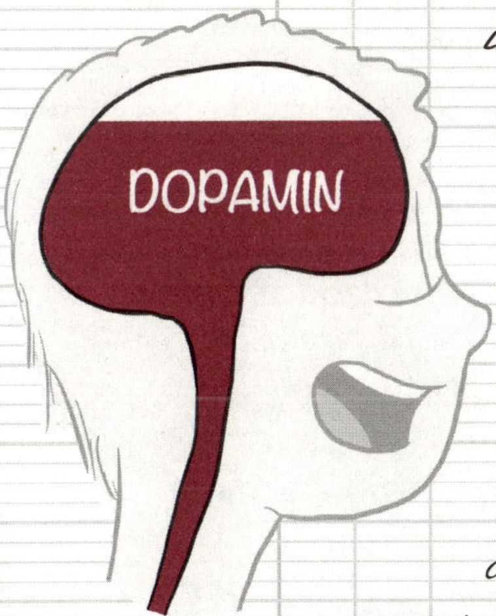

Umgekehrt, wenn Sie Ihre Geschmackspapillen, Ihren Geruchssinn usw. nicht stimulieren, weil Sie beim Essen gleichzeitig etwas anderes tun (z. B. fernsehen), dann produziert Ihr Gehirn nur sehr wenig Dopamin und die Esslust bleibt weiterhin bestehen. Sie laufen also Gefahr, noch einen Nachschlag zu nehmen und viele Kalorien zu konsumieren, ohne dass Ihr Appetit wirklich gestillt wird.

Es ist also ganz einfach: Wollen Sie Essgelüste in den Griff bekommen, dann ESSEN SIE LANGSAM UND GANZ BEWUSST !

Haben Sie Ihre Esslust erst einmal auf diese Weise in den Griff bekommen, können Sie warten, bis sich erneut Hungergefühle einstellen (grünes Licht Ihres Organismus, dass er bereit ist, neue Kalorien zu verbrennen), bevor Sie wieder essen.

Damit wir körperlich und geistig gesund sind, das richtige Gewicht haben und unseren Energiebedarf (an Vitaminen, Mineralien und Nährstoffen) wie auch unsere emotionalen Bedürfnisse befriedigen, müssen wir auf unseren Körper hören. Also auf zur nächsten Etappe auf dem Weg zu Ihrem persönlichen stabilen Gewicht.

DAS ORGANISIEREN DER MAHLZEITEN UND DER UMGANG MIT ESSGELÜSTEN

DAS RICHTIGE TIMING: ESSEN, WENN DAS HUNGERGEFÜHL SICH BEMERKBAR MACHT

Was tun, wenn Sie zur Essenszeit keinen Hunger haben? Und wenn Ihre Essgelüste sich nicht unterdrücken lassen?

Hier eine Übung, mit deren Hilfe Sie sehr gut erkennen können, welche Essgelüste Sie haben, wann sie auftreten und wodurch sie verursacht werden. Außerdem hilft sie Ihnen, darauf zu achten, in welchen Momenten Sie essen, obwohl Sie nicht wirklich hungrig sind.

Im Anschluss an diese Übung werden Sie Lösungen finden, um Ihr Essverhalten in den Griff zu bekommen, ohne sich einzuschränken, sodass Sie weiterhin abnehmen können.

Was verleitet mich zum Essen, obwohl ich keinen Hunger habe, und wie gehe ich damit um?

1. Erkennen, wann und warum Sie zu viel essen

Ich empfehle Ihnen, **5 Tage lang** alles, was Sie verzehren, in einem Ernährungstagebuch festzuhalten (siehe das von einer Patientin ausgefüllte Beispiel auf der folgenden Seite):

- Tragen Sie vor jeder Nahrungsaufnahme ein, wie hungrig Sie auf einer Skala von 1 bis 10 sind.
- Geben Sie durch eine Markierung (zum Beispiel durch eine farbige Kennzeichnung) den Moment an, als Sie Ihrem Gefühl nach gesättigt waren.

UHRZEIT? ORT? MIT WEM? WAS TUN SIE DABEI?	WAS UND WIE VIEL?	INTENSITÄT DES HUNGERS (1–10); WAS WAR »ZU VIEL« UND WARUM?
Montagmorgen, 6.30 Uhr Zu Hause mit meinem Sohn	Kaffee, 1 Brötchen mit 1 TL Marmelade	**Hunger = 4**
	1 Joghurt **1 ausgepresste Orange**	**Gründe: Angst, bald wieder Hunger zu haben; Angst, mich nicht ausgewogen genug zu ernähren**
Montagmittag, 12.15 Uhr Im SB-Restaurant, allein	Kichererbsensalat 2 Seelachsfilets 6 EL Reis	**Hunger = 5**
	1 Quark **1 Dessertcreme**	**Grund: Unzufriedenheit nach dem Essen**
Montagnachmittag, 17.30 Uhr Im Büro, Geburtstag einer Kollegin	**1 Glas Champagner** **1 kleines Törtchen**	**Hunger = 0** **Grund: Versuchung, weil sie da standen**
Montagabend, 20.00 Uhr Zu Hause mit meinem Mann und meinem Sohn, am Tisch vor dem Fernseher	1 Hähnchenflügel 4 kleine Röstkartoffeln 1 Teller mit grünem Salat + 2 TL Olivenöl	**Hunger = 3**
	1 Kugel Kirschsorbet	**Grund: Unzufriedenheit nach dem Essen**
Montagabend, 22.30 Uhr Zu Hause, allein vor dem Fernseher	**5 Schokoladenkekse**	**Hunger = 0** **Grund: Gefühl von Einsamkeit**

Unterscheiden Sie gut

- **Sättigung:** Ich habe keinen Hunger mehr.
- **Sattheit:** Ich habe keine Lust mehr, noch etwas zu essen.

Es gilt, die Situationen zu bestimmen, die Sie am Abnehmen hindern oder bewirken, dass Sie zunehmen: dann nämlich, wenn Sie zu viel essen, das heißt, wenn Sie essen, ohne hungrig zu sein. Es gibt 2 Arten, zu viel zu essen:

- **Entweder man beginnt zu essen, ohne überhaupt Hunger zu haben,**
- **oder man isst weiter, obwohl man nicht mehr hungrig ist, also über das Gefühl der Sättigung hinaus.**

2. Die für Sie richtigen Lösungen finden

Finden Sie als Nächstes heraus, welche der unten vorgestellten Lösungen Ihnen liegen, und halten Sie sich an diese. Beziehen Sie sich dabei auf Situationen, die Sie im Laufe der vorhergehenden Übung erkannt und in Ihrem Ernährungstagebuch (farbig) markiert haben.

Es kommt häufig vor, dass Menschen essen, obwohl sie keinen Hunger (mehr) haben und zwar aus folgenden Gründen:

Weil es ihnen schwerfällt, Essen stehen zu lassen oder wegzuwerfen

Nehmen wir an, Sie essen immer brav Ihren Teller leer, aus Angst, etwas zu verschwenden. Machen Sie sich bewusst: Dass Menschen in westlichen Ländern, in denen übermäßiger Konsum an der Tagesordnung ist, dick werden, ist nicht der Grund dafür, dass Menschen am anderen Ende der Welt verhungern müssen. Wir wurden mit den Werten der Nachkriegsgesellschaft erzogen, einer Zeit, als Nahrung knapp war und man sparsam mit ihr umgehen musste. Diese Werte wenden wir nun auf unsere heutige Gesellschaft an, die uns dazu verführt, mehr zu konsumieren, als wir brauchen (z. B. durch Werbung und ein Überangebot an Auswahlmöglichkeiten und an neuen Produkten). Wir essen einfach zu viel! Es ist also sinnvoll, Lebensmittel zu kaufen, zu kochen und in der richtigen Menge auf dem Teller zu servieren. Wenn sich dann beim Essen das Gefühl der Sättigung einstellt, dann zögern Sie nicht: Lassen Sie das Überflüssige stehen, stellen Sie es kalt oder werfen Sie es weg, denn sonst macht es Sie dick.

Weil sie fürchten, später am Tag Hunger zu haben

Manchmal essen Sie, weil Sie vorausdenken: Ein üppiges Frühstück, um durchzuhalten, oder ein reichhaltiges Mittagessen, »weil es bis heute Abend, nach der Versammlung, vorhalten muss«, und schwupps –

schon haben Sie Ihren Sättigungspunkt überschritten! Vielleicht wäre es günstiger für Sie, stattdessen mit dem Essen dann aufzuhören, wenn Sie satt sind, aber sicherheitshalber einen kleinen Imbiss mitzunehmen, falls sich im Laufe des Tages Hunger einstellt?

Aus Angst, dass später nichts mehr da ist

Sie fürchten, dass von Ihrer Lieblingsspeise später nichts mehr übrig sein wird. Dieser Sorge können Sie entgegenwirken, indem Sie einen Vorrat Ihrer »Genuss-Speise« in einer kleinen Notfallbox auf Lager halten (gut geschützt vor Familienmitgliedern oder Mitbewohnern, die Ihre Schränke plündern). Oder Sie finden heraus, wo der nächste Lebensmittelladen oder Kiosk in Ihrer Nähe ist, der Tag und Nacht geöffnet hat und Sie im Bedarfsfall mit dieser Speise versorgen könnte. Sie essen sie dann später, wenn Sie merken, dass Sie wieder echten Hunger haben.

Weil eine bestimmte Speise vor ihnen steht und sie in Versuchung führt

Frische Croissants, von Kollegen mitgebracht, oder Kekse, die Ihre Kinder auf dem Tisch liegen gelassen haben: Gestehen Sie sich das Recht zu, sich selbst etwas Genuss zu gönnen, aber gehen Sie beim Essen nach dem

Verkostungsprotokoll auf Seite 20 vor. Sie werden feststellen, dass Sie bei der folgenden Mahlzeit weniger hungrig sind, da Ihr Organismus schon einen Kalorienvorschuss erhalten hat. Dadurch essen Sie bei dieser Mahlzeit weniger und Ihr Gewicht wird reguliert! Sollten Sie bei der folgenden Mahlzeit trotzdem großen Hunger haben, heißt das, Ihr Körper hat die zugeführten Kalorien bereits verbraucht. Dann essen Sie ohne Schuldgefühle!

Unter dem Einfluss von Gefühlen

Hierbei kann es sich um ganz unterschiedliche Gefühle handeln, sie können positiv oder negativ sein, bewusst oder unbewusst, durch bestimmte Speisen hervorgerufen oder auch nicht und sie haben nicht unbedingt einen unmittelbaren Bezug dazu, wie ernst oder welcher Art die Situation ist. Dennoch können sie einen unwiderstehlichen Drang zu essen hervorrufen, also unbezwingbaren Heißhunger, Kontrollverlust, das Unvermögen, den Akt des Essens aufzuschieben - allein dadurch, dass wir das Gefühl haben, sie nicht ertragen zu können.

4 Schritte, um durch Gefühle hervorgerufene Essattacken in den Griff zu bekommen:

1. Das erste Mal, wenn Sie spüren, dass Sie unter dem Einfluss eines Gefühls essen wollen, geben Sie diesem Drang ruhig nach, damit Ihr Gefühlsaufruhr sich legt.

Essen Sie aber danach erst wieder etwas, wenn sich echter Hunger einstellt.

2. Beim zweiten Mal suchen Sie sich gezielt die Speise aus, die jetzt am tröstlichsten für Sie ist, zum Beispiel etwas, das Sie an schöne Momente Ihrer Kindheit erinnert – selbst dann, wenn es eine Kalorienbombe ist. Verzehren Sie es achtsam und ganz bewusst, so wie im Verkostungsprotokoll (s. S. 20) beschrieben. Warten Sie dann ab, bis Sie wieder Hunger haben, bevor Sie erneut etwas zu sich nehmen.

3. Beim dritten Mal beobachten Sie das unerträgliche Gefühl, das hinter Ihrer Esslust steckt, benennen es, suchen seine Ursache, spüren, was es in Ihrem Körper auslöst, und warten noch ein bisschen ab, während Sie dabei tief atmen. Dann erst essen Sie das, was Sie aus Ihrer Sicht am meisten tröstet und beruhigt.

4. Beim vierten Mal: Wenn Sie sich bereit fühlen, können Sie nun daran arbeiten, Gefühle zu ertragen: Beobachten Sie das Gefühl, erkennen Sie, in welchem Zusammenhang es ausgelöst wurde, und entdramatisieren Sie die Situation. Trennen Sie die Umstände, die das schwierige Gefühl hervorgerufen haben, von Ihrem inneren Empfinden (Essgelüsten, Emotionen) ab und ertragen Sie es einige Minuten lang. Sie werden sehen: Nach 10 Minuten verringern sich Unbehagen und Frustration; das

Gefühl der Unerträglichkeit legt sich ebenso wie die Esslust. Noch wirkungsvoller ist diese Übung, wenn Sie aufschreiben, was Sie dabei fühlen und was Ihnen durch den Kopf geht. Falls das nicht funktioniert, gehen Sie zurück zu Schritt 3 (s. S. 38) und entscheiden Sie sich, ob Sie essen oder nicht. Es gibt kein Richtig oder Falsch, denn hier geht es nur um das eine: sich selbst annehmen und auf die richtige Art und Weise mit sich selbst zusammenarbeiten.

Das »Alles oder nichts«-Prinzip

Möglicherweise versagen Sie sich manche Speisen oder Snacks, die Sie gerne mögen, weil Sie sie als schädlich für Ihr Gewicht betrachten. Das nennt man kognitive Kontrolle. Nachdem Sie sich viele Male solche Leckerbissen verboten haben, weil sie Ihrer Meinung nach zu viele Kalorien haben, werden Sie am Ende vielleicht doch noch schwach: Ich verbiete mir Nutella, aber an dem Tag, an dem ich es mir erlaube, esse ich das ganze Glas leer. Das ist das Denkschema »Jetzt ist ja eh schon alles zu spät« oder »Alles oder nichts«. Führen Sie stattdessen diesen Lieblingssnack »ganz offiziell« wieder in Ihren Speiseplan ein, allerdings nur für Momente, in denen Sie wirklich hungrig sind (beispielsweise nachmittags zum Kaffee, wenn sich ein kleiner Hunger bemerkbar macht, oder als Dessert). Auf diese Weise macht er Sie nicht dick und Sie mindern das Risiko von Heißhungerattacken.

Die Mahlzeit war unbefriedigend

Sind Sie am Ende der Mahlzeit zwar satt, fanden aber, dass Ihr Genuss noch zu kurz gekommen ist, und haben Lust (nicht etwa Hunger), sie mit etwas Süßem abzurunden, dann ist das Dessert zu viel und Ihr Körper wird es in Fettdepots umsetzen. Sie können sich also entscheiden, das Dessert aufzubewahren, um es später, wenn Sie Hunger haben, zu essen. Sie können aber auch beschließen, das Dessert zu genießen und dabei dem »Verkostungsprotokoll« zu folgen: Das ermöglicht Ihnen maximalen Genuss und Sie können so Ihren Appetit mit einer geringen Menge befriedigen. Eine andere Möglichkeit besteht darin, bei der nächsten Mahlzeit die Speise(n) bewusst und langsam zu kosten, insgesamt weniger zu essen und schon zum Dessert überzugehen, wenn Sie noch ein bisschen Hunger haben, damit die Kalorien des Nachtischs verbrannt werden.

Empfehlungen zur ausgewogenen Ernährung

Möglicherweise essen Sie bestimmte Dinge, obwohl Sie nicht hungrig sind, weil sie Ihnen »verordnet« wurden (Pflaumen gegen Verstopfung, Joghurt wegen des Kalziums, Obst, weil gemäß der Kampagne »5 am Tag« 5 Portionen Obst und Gemüse am Tag empfohlen werden). Wenn Sie das Betreffende aber essen, ohne hungrig zu sein, macht es Sie dick: Die 80 Kalorien eines Apfels werden dann in Fett umgewandelt, denn Ihr Körper ist nicht mehr in der Lage, sie zu verbrennen. Denken Sie also daran, solche »gesunden Dinge« in Ihre Mahlzeit zu integrieren. Lassen Sie die Hauptmahlzeit ruhig etwas kleiner ausfallen, damit Sie noch Hunger haben, wenn Sie das empfohlene Nahrungsmittel essen. Achten Sie darauf, dass Sie es nicht als Überschuss zu sich nehmen!

Müdigkeit / Durst / Schmerzen

Vielleicht ist es Ihnen schon einmal aufgefallen: Wenn wir müde sind, essen wir manchmal, obwohl wir keinen physiologischen Hunger haben. Die Menschen hören nicht immer auf ihren Organismus, und statt sich bei Müdigkeit auszuruhen, bei Schmerzen eine Schmerztablette zu nehmen oder bei Durst zu trinken, haben sie eine einzige Antwort parat, um ein spezifisches Bedürfnis zu befriedigen: Essen! Bevor Sie vorschnell den Kühlschrank plündern: Gehen Sie stattdessen in sich, identifizieren Sie das jeweilige Bedürfnis Ihres Körpers und versuchen Sie, angemessen darauf zu reagieren. Nahrung ist die angemessene Antwort, um dem Organismus Energie zu liefern, wenn er Hunger hat.

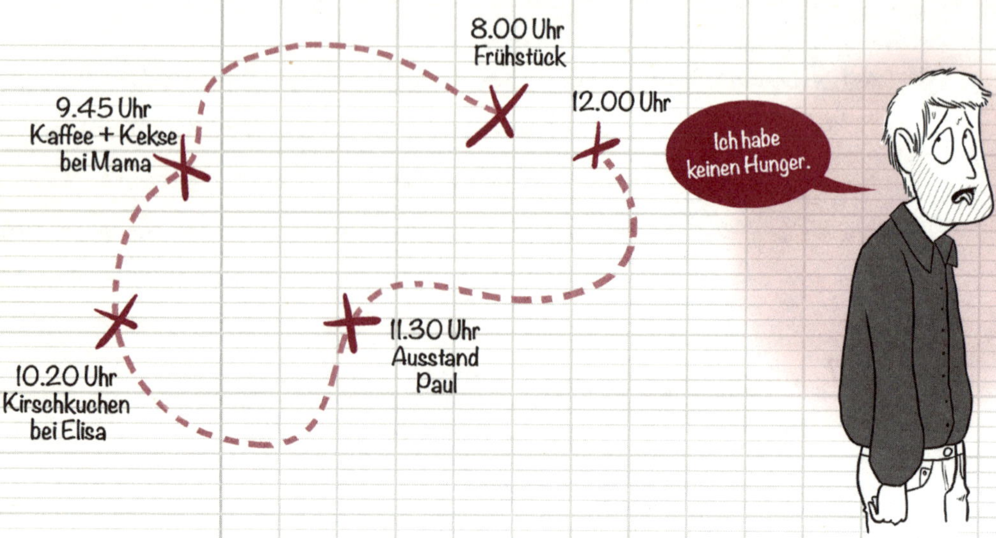

Soziale oder familiäre Verpflichtungen

Möglicherweise sind Ihre Essenszeiten von Ihrem Arbeitgeber oder durch die Organisation Ihres Familienlebens vorgegeben und Sie setzen sich nur zu Tisch, weil es Zeit ist, sind jedoch nicht hungrig. Und was passiert, wenn man isst, ohne Hunger zu haben? Man nimmt zu! Wenn Sie also die Essenszeiten nicht verschieben können, dann seien Sie vorausschauend: Organisieren Sie Ihre Mahlzeiten so, dass Sie zu den festgelegten Essenszeiten hungrig sind.

Ist zum Beispiel Ihr Mittagessen um 11 Uhr vormittags und Sie haben bereits festgestellt (mithilfe des Ernährungstagebuchs), dass Sie zu dieser Zeit nie hungrig sind, dann essen Sie einfach weniger zum Frühstück oder trinken Sie nur etwas (Kaffee, Tee, Milch), sodass Sie um

11 Uhr hungrig sind. Auf diese Weise wird Ihr Organismus Ihre 11-Uhr-Mahlzeit verbrennen, anstatt sie in Fettdepots umzuwandeln. Sie sind nun in der Lage, Ihre Mahlzeiten angemessen zu organisieren, es zu respektieren, wenn Sie hungrig und wenn Sie satt sind, Ihre Essgelüste ohne Frustration zu bewältigen und abzunehmen. **BRAVO!**

ACHTUNG: Versuchen Sie nicht, mehr als 3 Kilo im Monat abzunehmen und zu hungern, denn dann laufen Sie Gefahr, hinterher sehr schnell sehr viel wieder zuzunehmen.

Das Ziel ist also, dass Sie Ihr Wohlfühlgewicht erreichen und dauerhaft halten, indem Sie Ihre Hunger- und Sättigungsgefühle respektieren.

AUSGEWOGENE ERNÄHRUNG, VITAMINZUFUHR, ESS-GENUSS, FIGUR ... ANTWORTEN AUF HÄUFIG GESTELLTE FRAGEN!

Sie haben zwar Ihre Gefühle rund ums Essen im Griff, sorgen sich aber wegen...

- **der Gefahr des Muskelabbaus,**
- **der Gefahr des Vitamin- und Mineralstoffmangels,**
- **der Gefahr, dass Sie sich fette, salzige, süße Speisen zugestehen.**

Testen Sie doch erst einmal, welche Nahrungsbedürfnisse Ihr Körper überhaupt hat. Stellen Sie sich auf diese Bedürfnisse ein, indem Sie die Empfindungen, die mit den spezifischen Essgelüsten einhergehen, klären und sich mit Ihrer kognitiven Kontrolle auseinandersetzen.

Wie können Sie Ihre Ernährungsbedürfnisse befriedigen und Ihren speziellen Essgelüsten so gerecht werden, dass dabei das Essvergnügen nicht zu kurz kommt?

Erfahrungsbericht

Möglicherweise haben Sie von dem Dokumentarfilm »Super Size Me« gehört oder ihn sogar gesehen. Darin setzt sich der US-amerikanische Regisseur Morgan Spurlock einem Selbstversuch aus: Er isst einen Monat ausschließlich bei McDonald's, und zwar 3-mal täglich ein Super-Size-Menü (mit der Auflage, alles aufzuessen). In dieser Zeit nimmt er 11 Kilo zu und entwickelt Leberprobleme.

Nachdem der Film herausgekommen war, wurde der Versuch wiederholt – aber mit anderen Regeln.

Die freiwilligen Teilnehmer ernährten sich ebenfalls einen Monat lang ausschließlich von McDonald's-Produkten, aßen jedoch erst, wenn sie Hunger hatten, und hörten auf, sobald sie satt waren. Es bestand keinerlei Verpflichtung, irgendetwas aufzuessen.

Was, glauben Sie, hat man nach einem Monat festgestellt?

Antwort:

Keine der Versuchspersonen nahm zu, denn jede konsumierte die Nahrungsmenge (und somit die Menge an Energie in Form von Kalorien), die ihr Organismus brauchte, um seinen Grundumsatz sicherzustellen. Allerdings hatten alle Lust auf Obst, frisches Gemüse und Fisch.

Tatsächlich hatten sie Appetit auf Speisen, die Nährstoffe enthalten, die ihr Körper brauchte: Vitamine, Mineralien, Omega-n-Fettsäuren. Das bezeichnet man als **»spezifische Gelüste«**.

Sollte es also einmal vorkommen, dass Sie sich einige Tage nicht ausgewogen ernähren, nur keine Panik! Essen Sie, wenn Sie Hunger haben, nicht über die Sättigung hinaus, und hören Sie auf Ihre spezifischen Essgelüste, die es Ihnen ermöglichen, Ihre Ernährung zu regulieren und Mangelerscheinungen zu vermeiden.

Eine ausgewogene Ernährung scheitert nicht an *einer* unausgewogenen Mahlzeit!

Desgleichen werden Sie bei Muskelabbau oder Proteinmangel Appetit auf Fleisch, Fisch oder pflanzliche Eiweißlieferanten wie Hülsenfrüchte haben.

Gönnen Sie sich unbesorgt das Vergnügen, das zu essen, was Sie mögen!

Ebenso wie Sie Ihr Gewicht regulieren können, indem Sie auf Ihre Hunger- und Sättigungsgefühle hören, und wie Sie Nährstoffmangel vorbeugen bzw. ausgleichen können, indem Sie auf spezifische Essgelüste achten, ist es auch möglich, Ihr **Essvergnügen zu regulieren**.

Versuchen Sie doch einmal Folgendes:

ESSVERGNÜGEN
=
SCHWINDEN DES HUNGERS +
BEFRIEDIGUNG

1. Wählen Sie zwei Portionen eines Nahrungsmittels aus, das Sie **sehr gerne** mögen **(Geschmack > 8)**, zum Beispiel Kuchen, Käse, Wurst …
2. Lassen Sie Ihr gewohntes Mittagessen ausfallen.
3. Warten Sie, bis der Hunger sich wirklich **handfest** bemerkbar macht **(> 8)** und essen Sie das erste Stück Kuchen (bzw. die erste Portion Käse, Wurst …).

Bewerten Sie auf einer Skala von 1 bis 10:

HUNGER:	1	2	3	4	5	6	7	8	9	10
SCHWINDEN DES HUNGERS:	1	2	3	4	5	6	7	8	9	10
GESCHMACK:	1	2	3	4	5	6	7	8	9	10
BEFRIEDIGUNG:	1	2	3	4	5	6	7	8	9	10

Das Gefühl, dass der Hunger schwindet, stellt sich bereits nach den ersten Bissen ein. Es entspricht proportional der Intensität Ihres Hungers. Wenn der Hunger gleich null ist, ist das Gefühl des Schwindens ebenfalls gleich null.

4. Beenden Sie die Mahlzeit entsprechend Ihrem Hunger.
5. Nehmen Sie Ihr Abendessen wie gewohnt ein, einschließlich dem Nachtisch.
6. Verzehren Sie unmittelbar nach dem Abendessen das zweite Stück Kuchen (bzw. die zweite Portion Käse, Wurst …).

Bewerten Sie auf einer Skala von 1 bis 10:

HUNGER:	1	2	3	4	5	6	7	8	9	10
SCHWINDEN DES HUNGERS:	1	2	3	4	5	6	7	8	9	10
GESCHMACK:	1	2	3	4	5	6	7	8	9	10
BEFRIEDIGUNG:	1	2	3	4	5	6	7	8	9	10

Wenn Sie nur wenig oder gar kein Essvergnügen empfinden, brauchen Sie sich nicht zu zwingen, den Kuchen (Käse, Wurst …) aufzuessen.

Was schließen Sie daraus?

....

....

....

....

....

....

....

....

....

....

....

....

Zu welchem Zeitpunkt wollen Sie von jetzt an Ihre Genießer-Snacks essen?

....

....

....

....

....

....

....

(Antwort: In dem Moment, wenn ich Hunger habe / am Ende der Mahlzeit, vorausgesetzt, ich bin dann noch hungrig.)

GEFÜHLE, DIE UNS ZUM ESSEN VERLEITEN

Kennen Sie folgende Situationen? Wenn ja, dann essen Sie als **Reaktion auf Gefühle**. Kreuzen Sie an, was auf Sie zutrifft:

☐ Ich komme von der Arbeit und esse; es fällt mir schwer, bis zum Abendessen zu warten und mit dem Essen aufzuhören.

☐ Sobald ich eine Minute eine Pause habe, stürze ich mich auf den Automaten und plündere ihn, ziehe Kekse und Schokoriegel, die ich in meiner Schublade horte.

☐ Bevor ich mich einem Zwang, einer Verpflichtung, einer Herausforderung stelle, esse ich zur Ermutigung.

☐ Ich esse, um mich zu beglückwünschen, dass ich eine schwierige Aufgabe erledigt habe.

☐ Wenn ich mit jemandem aus meinem Umfeld Streit habe, wühlt mich das auf; dann esse ich, um mich zu beruhigen.

☐ Wenn ich eine schlechte Nachricht erhalte, die mich traurig macht, esse ich, um die Situation durchzustehen.

☐ Ich merke, dass ich mehr esse, wenn ich unter Stress stehe.

☐ Vor einer ärztlichen Untersuchung, einer beruflichen Besprechung, einem Ereignis, das mir Angst macht, esse ich.

Nennen und identifizieren Sie die Gefühle, die Sie zum Essen verleiten:

Wissenschaftliche Untersuchungen zeigen, dass beim Akt des Essens ein Kreislauf der Belohnung mit im Spiel ist: Ich esse, das stimuliert meine Sinne und als Reaktion schüttet mein Gehirn Dopamin aus; augenblicklich geht es mir sehr gut.

Durch Essen können wir also ein gewisses Wohlgefühl erreichen oder bestimmte negative Gefühle dämpfen.

Leider funktioniert dieser Mechanismus auch umgekehrt: Wenn Sie gegessen haben, um Ihre Stimmung zu heben, und sich danach schuldig fühlen, dann verschlechtert sich Ihre Laune erneut und die Esslust macht sich bald wieder bemerkbar. Und schon stecken Sie im Teufelskreis des Frustessens.

Kleine Übung, um Frustessen in den Griff zu bekommen: Was will ich damit beruhigen?

Wenn Sie sich dabei ertappen, dass Sie essen, obwohl Sie nicht hungrig sind – stopp! Fragen Sie sich: »Was will ich eigentlich beruhigen?«

....
....
....

Identifizieren Sie das Gefühl, das Sie in diesem Moment empfinden: Traurigkeit, Angst, Zorn, Frustration, Furcht?

....
....
....

Ermitteln Sie anschließend die Ursache dieses Gefühls: Welche Ereignisse liegen ihm zugrunde?

....
....
....

Mithilfe dieser kleinen Übung können Sie Ihren emotionalen Aufruhr bestimmt um einiges drosseln. Wenn der Appetit trotzdem nicht vergeht, können Sie beschließen, Ihre Gefühle zu beschwichtigen, indem Sie essen – aber **nicht mit jedem x-beliebigen Nahrungsmittel und nicht auf x-beliebige Art und Weise!**

Wählen Sie den Snack, der für Sie am tröstlichsten ist, Ihnen im Mund am meisten Genuss bereitet und mit dem Sie schöne Erinnerungen verbinden – unabhängig davon, wie viele Kalorien er enthält.

Wenn Sie dagegen beschließen, den Aufruhr Ihrer Gefühle zu besänftigen, indem Sie einen »Light«-Snack essen (z. B. eine Reiswaffel), dann wird das Ihre Geschmacksknospen nicht anregen und Ihr Gehirn produziert nicht genügend Dopamin, um alle Rezeptoren zu besetzen und damit die Esslust zu kanalisieren. Schlimmer noch: Da Sie nach dem Verzehr Ihres Light-Snacks unzufrieden sind, laufen Sie Gefahr, einen weiteren Snack zu essen, und dann noch einen, bevor Sie schließlich ganz einknicken und sich auf Ihre Lieblingsschokolade stürzen.
Wählen Sie also das für Sie tröstlichste Nahrungsmittel und genießen Sie es gemäß dem Verkostungsprotokoll auf Seite 20 mit allen Sinnen.
Eine kleine Menge genügt schon, damit Ihr unangenehmes Gefühl sich abschwächt. Falls Sie merken, dass Sie bei der nächsten Mahlzeit weniger hungrig sind, verringern Sie die Verzehrmenge.
Sie sind nun in der Lage, mit einigen ganz bestimmten Lebensmitteln und nach einer festgelegten Vorgehensweise dafür zu sorgen, dass negative Gefühle sich legen, und Sie werden abnehmen.

Weiter so!

Falls Sie die Gefühle, die Sie zum Essen verleiten, schon im Vorfeld in den Griff bekommen wollen, damit Sie weniger auf Essen zurückgreifen, hier einige Mittel und Wege, wie Ihnen das gelingen kann:

Weg mit den Schuldgefühlen!

(Zu diesem Thema empfehle ich Ihnen das kleine Übungsheft von Yves-Alexandre Thalmann: Endlich frei von Schuldgefühlen, Trinity Verlag: München 2012).

Schuldgefühle sabotieren die schönen Momente des Lebens, vergiften unser ganzes Dasein und wirken sich zerstörerisch auf unser Wohlbefinden aus. Und – wer kennt das nicht: Wenn es uns schlecht geht, neigen wir dazu, etwas zu essen, um uns zu trösten. Und nach dem Essen fühlen wir uns schuldig.

Es ist ein Teufelskreis: Negatives Gefühl -> Niedergeschlagenheit -> Essen -> Schuldgefühle -> Niedergeschlagenheit usw. Die gute Nachricht lautet: Es ist möglich, diesen Teufelskreis zu durchbrechen und sich von Schuldgefühlen zu befreien.

Übungen

- **Zählen Sie alles auf, weswegen Sie sich schuldig fühlen (Was sind die Ursachen Ihrer Schuldgefühle?):**

☐ ....

☐ ....

☐ ....

☐ ....

- **Hätte ich keine Schuldgefühle, dann könnte ich …**

☐ diesen kleinen Kuchen mit Schokoladenfüllung essen, auf den ich solche Lust habe

☐ ....

☐ ....

☐ ....

Schuldgefühle sind keine Schande. Scham wird mit dem Blick anderer verbunden und Schuldgefühle stellen sich ein, wenn wir etwas falsch gemacht haben. Aber es gilt zu unterscheiden:

Normale Schuldgefühle sind dazu da, dass wir die Regeln einhalten und anderen nicht schaden. Haben wir doch gegen die Regeln verstoßen, strafen sie uns, indem wir unangenehme Momente durchleben, wenn wir uns schuldig fühlen (z. B. weil wir gestohlen oder durch Unachtsamkeit einen Unfall verursacht haben).

Ungesunde Schuldgefühle hingegen stellen sich ein, obwohl wir objektiv gar nichts falsch gemacht haben (z. B. Schuldgefühle, erfolgreicher zu sein als die Geschwister, das Kind in den Kindergarten zu schicken, um wieder berufstätig zu sein, sich einen Aperitif mit Freunden gegönnt zu haben).

Nehmen Sie nun Ihre Liste der Schuldgefühle noch einmal zur Hand und überprüfen Sie, ob ihnen jeweils ein tatsächliches, objektives Verschulden Ihrerseits zugrunde liegt, und wenn ja, welches Unrecht anderen dadurch zugefügt wurde. **Sind Ihre Schuldgefühle berechtigt?**
Notieren Sie im Anschluss die Regel(n), gegen die Sie Ihrer Ansicht nach verstoßen haben (moralische, religiöse, gesellschaftliche, familiäre, persönliche).

Was ist das Hauptrisiko, das Sie eingehen, wenn Sie gegen diese Regel(n) verstoßen?

Nach der kleinen Selbstreflexion über Regeln und Regelverstöße nun wieder ein bisschen Praxis: Führen Sie doch einmal einen Tag lang eine Tabelle wie die unten stehende (von einem meiner Patienten beispielhaft ausgefüllt).

Situation	Automatischer Gedanke	Alternativer Gedanke	Verhalten
Ich will Schokolade essen.	Ich bin eine Niete, ich nehme zu, ich fühle mich schuldig.	Wenn ich sie esse, genügt ganz wenig und ich habe bei der nächsten Mahlzeit weniger Hunger. Also werde ich nicht zunehmen.	Ich genieße meine Schokolade und warte ab, bis ich wieder hungrig bin, bevor ich das nächste Mal etwas esse.
Ich habe zwar keinen Hunger mehr, aber mein Teller ist noch nicht leer.	Ich werde nichts verschwenden, solange andere Menschen verhungern.	Wenn ich esse, ohne hungrig zu sein, oder wenn ich weiteresse, obwohl ich schon satt bin, wird das Zuviel in Fett umgewandelt.	Ich höre jetzt auf zu essen und stelle den Rest für später kalt.

Fällt Ihnen auf, dass sich die Übung auf Ihr Essverhalten auswirkt?

Sie können sie jedes Mal wiederholen, wenn Sie Schwierigkeiten mit bestimmten Speisen und Ihren Gefühlen haben.

ZUM SCHLUSS

Aktuelle Forschungen zur Gewichtsthematik zeigen: Die Ernährung soll unsere körperlichen und energetischen Bedürfnisse befriedigen, damit wir leben können; gleichzeitig sorgt sie durch das Essvergnügen, das sie uns vermittelt, auch für unsere psychischen Bedürfnisse.

Ernährung lässt sich nicht über den Verstand regeln, sie reduziert sich nicht auf zwanghaftes Kalorienzählen. Stattdessen können wir tief in unserem Inneren ganz genau spüren, was wir brauchen: über die mit dem Essen verbundenen Empfindungen Hunger, Sättigung und spezifische Essgelüste.

Unsere Gedanken sind an Überzeugungen gebunden, wie »Zucker macht dick«, oder sie richten sich nach gesellschaftlichen Normen, wie z. B. »Um ein wertvoller Mensch und liebenswert zu sein, muss man schlank sein«. Auf solche Denkmuster reagieren wir mit kognitiver Kontrolle: »Ich verbiete mir bestimmte Nahrungsmittel, die ich gerne mag und die kalorienreich sind, weil ich schlank sein will.« Die daraus resultierenden Entbehrungen und Frustrationen haben oft Störungen des Essverhaltens wie zwanghafte Essanfälle zur Folge. Das Ergebnis: Wir nehmen zu und unser reales Gewicht weicht immer stärker von unserem stabilen Ausgangsgewicht ab. Und damit befinden wir uns in einem Teufelskreis: »Je mehr ich versuche abzunehmen, umso mehr nehme ich zu!« Konzentrieren Sie sich also wieder auf das, was Sie spüren!

Auch unangenehme Gefühle wie Schuld oder Angst können einen Kontrollverlust beim Essen verursachen. Statt bis zur Erschöpfung und letztlich zum »Schwachwerden« gegen diese wiederkehrenden Gefühle anzukämpfen, die uns zum Essen drängen, können wir lernen, sie zu akzeptieren. Das gelingt, indem wir diese schwierigen Gefühle in dem Augenblick, wenn sie sich bemerkbar machen, als das ansehen, was sie sind: lediglich ein psychisches Phänomen, eine vorübergehende Gemütsverfassung. Dadurch, dass wir sie zulassen, verlieren sie bald an Intensität und verschwinden. Gefühle sind vergänglich. Wir können uns daher frei entscheiden, ob wir essen oder nicht, ob wir auf unsere »Essgefühle« hören, indem wir uns auf uns selbst konzentrieren und ganz bewusst den tröstlichsten Snack verzehren.

Auf die Botschaften unseres Inneren zu hören bedeutet, für uns selbst Sorge zu tragen. Und schon sind wir auf dem Weg zu einem sinnerfüllten, stimmigen Leben, das uns ermöglicht, gute Verbindungen mit anderen einzugehen.

Durch ein solches bewusstes Leben gewinnen wir Klarheit über unsere Werte, sodass wir mit uns selbst im Einklang sein und entsprechend handeln können, statt uns zu verbiegen bei dem Versuch, einem zweifelhaften gesellschaftlichen Diktat zu entsprechen.

Ich hoffe, dieses kleine Übungsheft hat Sie ein wenig auf den Geschmack einer solchen veränderten Lebensweise gebracht und verhilft Ihnen zu einem neuen »Selbstwertgefühl«, das sich jeden Tag ein wenig mehr entwickelt – für ein in jeder Hinsicht nahrhaftes Leben voller Würze, das wirklich menschlich ist und in dem Sie mit gutem Gewissen alles, was Ihnen schmeckt, genießen dürfen.

Mein liebstes Trostessen

Schokoladenküchlein mit flüssigem Kern

nach dem Rezept meiner Großmutter

Sie verwendete diese einfachen Zutaten:

- ☐ 250 g Schokolade
- ☐ 100 g Butter
- ☐ 4 Eier
- ☐ 150 g Zucker
- ☐ 100 g gesiebtes Mehl

Zuerst heizte sie ihren alten Backofen auf 180 °C vor.

(1)

Dann ließ sie Schokolade und Butter in ihrem gusseisernen Topf (vor Freude) schmelzen.

(2)

Sie schlug mit dem Schneebesen Eier und Zucker in einer irdenen Salatschüssel, bis daraus ein cremiger Schaum entstanden war.

Anschließend vermengte sie behutsam die geschmolzene Schokolade mit diesem köstlichen Schaum.

(3)

4 Dann hob sie ganz langsam, nach und nach, das Mehl unter die Schokomasse.

Den fertigen Teig füllte sie in 6 kleine

5 Förmchen, die sie vorher sorgfältig gebuttert und mit Mehl ausgestäubt hatte, und stellte sie in den Ofen.

Nach 10 Minuten holte sie die kleinen Küchlein mit schmelzendem Kern aus dem Ofen und nahm sie

6 aus den Förmchen. Dann ging sie in den Garten und pflückte ein paar Himbeeren – ihre persönliche kleine Note!

Und als das Magenknurren sich bemerkbar machte, setzten wir uns gemütlich zu Tisch und aßen, mit allen Sinnen genießend, gemeinsam unsere Schokoküchlein.

Und was ist Ihre ganz besondere Trostspeise?

Gute Reise ins Land
des vielfältigen Geschmacks
und der Genüsse!

Literatur

- Schreiber, Chris/Raue, Gert: *Schlank nach dem Set-Point-Prinzip*, Arabella: München 2010.
- Seeger, Norbert/Auer, Jochen: *Abnehmen durch Achtsamkeit. Das 8-Schritte-Programm zum Wohlfühlgewicht* (mit CD), GU: München 2014.
- Thalmann, Yves-Alexandre: *Endlich frei von Schuldgefühlen [Das kleine Übungsheft]*, Trinity: München 2012.
- Thich Nhat Hanh/Cheung, Dr. Lilian: *Achtsam essen – achtsam leben. Der buddhistische Weg zum gesunden Gewicht*, O. W. Barth: München 2012.